ula y hop

DIMINUTOS

Papel certificado por el Forest Stewardship Council®

MIXTO
Papel procedente de fuentes responsables
FSC® C117695

Primera edición: febrero de 2019

Printed in Spain – Impreso en España

ISBN: 978-84-204-3395-0
Depósito legal: B-464-2019

Compuesto por Javier Barbado

Impreso en Gómez Aparicio, S.L.,
Casarrubuelos (Madrid)

AL33950

Penguin Random House Grupo Editorial

ula y hop
DIMINUTOS

van al colegio

ERIC LILLIPUT

Ilustraciones de LAIA LÓPEZ

ALFAGUARA

Hop *tiene una conexión especial con los animales. Si está callado… ¡es porque está tramando algo! Nació en verano.*
Ula *recicla todo para sus inventos. Es divertida y algo alocada. Nació en verano.*
Mota *es muy valiente y viaja a cualquier lugar a bordo de una paloma. Nació en invierno.*

Tomillo es presumida y un poco quejica, pero tiene muy buen corazón. Nació en primavera.
Clip es experto en todo (o eso dice él). Nació en otoño.

Capítulo 1

El misterioso «colegio»

Los diminutos vivían en una casa en medio de la ciudad, pero no eran humanos.

Parecían niños en miniatura porque… ¡medían lo mismo que un dedo pulgar!

Los diminutos eran muy revoltosos. **Ula** y **Hop** eran los diminutos más traviesos del mundo, pero sus travesuras no eran diminutas… **¡Eran gigantescas!**

Esa mañana, se despertaron pronto. Estaban soñando cuando algo sonó…

PI-PI-PI-PI-PI-PI...

—Déjame un ratito más, Ula —pidió Hop, y se dio la vuelta en la cama—. ¡Es muy pronto!

El sonido continuó...

PI-PI-PI-PI-PI-PI...

—No soy yo, Hop —respondió Ula, tapándose la cabeza con la manta-calcetín—. Seguro que alguno de tus animales quiere jugar.

De nada les sirvió quedarse en la cama: el ruido siguió...

PI-PI-PI-PI-PI-PI...

¡Era insoportable! Sonaba como aquella vez que Ula quería una flautacacahuete. No aprendió a tocarla, pero espantó a todas las arañas de la casa.

Los dos hermanos se levantaron y asomaron la cabeza por las ventanas.

Su casa era una caja de galletas que estaba en un rincón de la habitación de Dani. El niño Grande se había convertido en su nuevo amigo.

PI-PI-PI-PI-PI-PI...

De pronto, una diminuta con pijama salió de un agujero de la pared.

El agujero conectaba con los túneles secretos de los diminutos.

—**¿Qué es este escándalo?** —protestó Tomillo con el pijama puesto—. ¡No me ha dado tiempo ni a peinarme!

Tomillo era la diminuta más presumida de la familia.

Pi pi pi pi pi pi

Detrás de ella llegó Mota, el diminuto explorador. Se lo estaba pasando bomba.

—Me encanta este ruido. **¡Parece una canción!**

Y se puso a bailar al ritmo del estruendoso pitido para demostrarlo.

El último en llegar fue Clip. Él era el más dormilón de todos. Había hecho un gran esfuerzo por levantarse y tenía los ojos cubiertos de legañas.

—¿Qué ocurre? —preguntó mientras pegaba un bostezo—. ¿Se ha roto un grifo? ¿Se os han quemado las tostadas?

Pero, antes de que nadie pudiese responder, ya se había quedado dormido encima de una peonza.

PI-PI-PI-PI-PI-PI...

El pitido despertó de nuevo a Clip. Los cinco diminutos miraron en la misma dirección: un ruidoso reloj junto a la cama de Dani.

El niño Grande dormía como si nada. El ruido no parecía molestarle.

—¿Pero a quién le habla? —preguntó Tomillo en voz baja.

—Habla con la almohada —replicó Clip, que lo sabía todo de los humanos—. La gente Grande tiene conversaciones muy intensas con las almohadas.

En ese momento, oyeron unos pasos. Conocían esas pisadas muy bien: ¡el señor Grande se acercaba a la habitación!

Ula, **Hop**, **Tomillo**, **Mota** y **Clip** corrieron a esconderse. Cuando el señor Grande abrió la puerta, ya no había ni rastro de ellos.

—¡Dani, es hora de levantarse! —exclamó.

El niño protestó diciendo:

—Estoy de vacaciones. Déjame dormir un poco más…

—¿De vacaciones? —A su padre se le escapó una risita—. **¡Hoy es el primer día de clase, dormilón!**

—¿Hoy? —Dani saltó de repente de la cama y salió corriendo por la puerta—. ¡Voy a llegar tarde al colegio!

Una vez solos, los diminutos también salieron de sus respectivos escondites.

—¿Habéis oído lo mismo que yo? —preguntó Mota a los demás diminutos—. ¡Dani va a hacer un sortilegio!

Tomillo le arrancó una pelusa del oído, que siempre tenía cubierto de roña, y lo corrigió:

—**Sortilegio no. ¡Colegio!**

—¿Colegio? —preguntó Ula—. No he oído esa palabra jamás.

—¡Vamos a descubrir de qué se trata! —propuso Hop.

No había nada que les gustase más a los diminutos que las cosas misteriosas. Así que fueron en busca de la respuesta.

Recorrieron el túnel secreto de la pared y un minuto después ya estaban todos en la cocina. Nadie podía verlos en su escondite sobre el frigo.

Dani se comía el desayuno que le había preparado su padre. Mientras tanto, su madre daba la papilla a Martina, su hermana pequeña.

El niño no paraba de preguntar a sus padres:

—¿Aprenderé mucho? ¿Haré amigos?

Los últimos días, los diminutos habían visto a Dani **muy raro**. Parecía muy ilusionado por algo, pero no sabían por qué.

El señor y la señora Grande lo tranquilizaron.

—Estarás fenomenal en tu nuevo colegio, ¡ya lo verás!

Dani y su familia se habían mudado a la ciudad hacía poco tiempo. Por eso, Dani había cambiado de colegio y todavía no había empezado las clases en el nuevo. Estaba impaciente por conocerlo.

Ula, Hop y los demás diminutos oían la conversación desde detrás de un tarro de miel.

—Dani parece muy ilusionado por ir a ese *colegio* —dijo Hop.

—Seguro que es un sitio emocionante —añadió Ula.

La diminuta nunca había salido de la casa y pensaba que todo era muy emocionante fuera.

Miel

—¡Se dice «colegio»! —respondió Clip—. Y no es **NADA** emocionante.

—Ah, ¿no? —preguntaron los cuatro diminutos a la vez.

—Por si no lo sabíais, soy experto en colegios. —Clip se aclaró la garganta. Lo hacía cada vez que iba a decir algo importante—. Cuando los niños y niñas Grandes se hacen mayores, los mandan a vivir al colegio.

Allí los obligan a ensuciarse y a aprender cosas.

Y lo peor de todo: se llama **colegio** porque… ¡comen **coles** de Bruselas todos los días!

Ula y Hop estaban muy sorprendidos por lo que Clip les había contado y miraban a Dani con detenimiento. El niño Grande estaba muy nervioso y ya tenía lista la mochila.

—**Debemos ayudar a Dani en su primer día de colegio** —propuso Ula—. Es nuestro amigo.

Los otros diminutos, sin embargo, no tenían ganas de aventuras.

—Tengo que recoger las setas del huerto —dijo Tomillo, y salió por el agujero.

—Yo he quedado con una paloma para hacer una excursión —se excusó Mota. Y se marchó también.

—Y yo tengo que cuidar de la Diminutera. —Clip era el guardián de la planta mágica de los diminutos—. **¡Buena suerte!**

Al final, solo quedaron Ula y Hop. Hop se rascó el pelo, como hacía siempre que pensaba un plan, y dijo:

—Si le atamos los cordones a la mesa, Dani no podrá ir al colegio.

Ula asintió, y ambos salieron de su escondite y bajaron por un cable hacia el suelo.

Cuando habían llegado por fin al suelo de la cocina, los señores Grandes se pusieron en pie.

—Se hace tarde, Dani. ¡Nos vamos!

Ula y Hop tenían que esconderse antes de que los viesen, así que saltaron dentro de la mochila de Dani. Un segundo después, el niño Grande cerró la cremallera.

¡Los diminutos iban a salir de casa!

DANI

Capítulo 2

Los diminutos conocen la ciudad

Al principio, Ula y Hop no entendían nada de lo que estaba pasando. La cremallera de la mochila se había cerrado con ellos dentro. Un segundo después, la mochila se había elevado por los aires. Dani se la había puesto para ir al colegio.

Dentro, los objetos se movían como si hubiera **un terremoto**. Ula y Hop se subieron un libro para no caerse.

—¡Agárrate! —gritó Hop asustado.

—¡Qué divertido! —exclamó Ula.

La mochila se movía tanto que parecía que estaban en una montaña rusa.

Enseguida bajaron la voz. No querían que la gente Grande los descubriese.

—Tenemos que ser discretos —recordó la diminuta—. Los humanos no pueden vernos.

Ula y Hop querían ser sigilosos. Pero, como era la primera vez que salían de la casa, querían verlo todo.

Hop logró abrir la cremallera desde dentro y los dos se asomaron por la rendija.

Lo que vieron los dejó impresionados. Dani, Martina y sus padres caminaban por una calle con grandes árboles. Había también gigantescos edificios a los lados.

—¡Mola! —exclamó Ula.

—**¡Flipariøsø!** —murmuró Hop. Así es como llaman los diminutos a algo que es **flipante** y a la vez **curiøsø**.

Era la primera vez que los diminutos veían la ciudad.

Todo era enorme para ellos... ¡y les encantaba!

No solamente había casas altísimas y árboles enormes. También descubrieron los vehículos de la gente Grande.

Los diminutos estaban acostumbrados a moverse por los **túneles secretos** de la pared, pero los humanos tenían otros métodos.

Usaban unos vehículos tan grandes que cabían varias personas en su interior.

—Son como los coches de juguete, ¡pero más grandes!

También vieron un camión. Hizo sonar un claxon que les puso los pelos de punta.

Dani y sus padres no se asustaron ni un poquito. Estaban acostumbrados al ajetreo de la ciudad.

Un poste de metal mostraba a un hombrecito de color rojo que estaba muy quieto.

Ula lo señaló entusiasmada:

—**¡Es un diminuto!**

De pronto, el hombrecito rojo desapareció. Un diminuto verde apareció abajo.

Los vehículos se detuvieron y las personas empezaron a cruzar.

Ula y Hop saludaron al diminuto verde del semáforo.

Pero este no se movió detrás del cristal.

—Se habrá dormido —dedujo Hop—. Es lo que pasa cuando madrugas tanto.

Dejaron atrás al diminuto del semáforo y continuaron el viaje hasta el colegio.

Los coches no eran los únicos transportes de la calle. También había bicicletas y patinetes.

Una chica pasó a toda velocidad a un palmo de la mochila de Dani. Sus pies rodaban por la acera.

—¿Has visto sus zapatos? —Ula estaba impresionada—. **¡Tienen ruedas en la suela!**

La chica se alejó con sus patines... Los diminutos se lo estaban pasando genial en su paseo por la ciudad.

Lo único malo era el olor. Dani llevaba un bocadillo de queso en la mochila, y los diminutos odiaban el queso.

—**Tengo una idea** —dijo Ula.

La diminuta empezó a tirar las lonchas de queso por la rendija del bolsillo.

—¡Qué respiro! —dijo Hop aliviado—. ¡Ese queso atufaba!

Entonces, el rastro del queso atrajo a un perro callejero que se comió las tres lonchas del suelo.

¡Ñam, ñam, ñam!

Después, el perro comenzó a ir detrás de Dani en busca de más comida.

—¡Alerta, Hop! —advirtió Ula—. Nos sigue un ratón gigante.

La diminuta se escondió asustada en el fondo del bolsillo.

Hop, sin embargo, no tenía miedo a los animales. Ni siquiera a los más grandes. Así que soltó una carcajada cuando vio la reacción de Ula.

—**¿Un ratón gigante?** ¡Pero si es un perro inofensivo!

Los animalitos de la casa le habían hablado a Hop de los perros.

Por lo visto, eran la **mascota favorita** de los humanos.

Hop no podía entenderlo: para él, las polillas sí que eran unas mascotas estupendas.

—Creo que le gusta cómo olemos —dijo Ula, más tranquila.

Ula y Hop se miraron con complicidad. Y es que los diminutos no tienen la costumbre de bañarse a diario y...

—¡Márchate, perrito! —gritó Hop—. Vas a llamar la atención de la gente Grande.

Pero Dani y su familia caminaban hacia el colegio sin sospechar que un perro los seguía de cerca.

El perro callejero no obedeció. Intentaba meter el hocico en la mochila.

—¡Vete, por favor! Nadie puede saber que estamos aquí.

De repente, dos perros más empezaron a seguirlos. El olor de los diminutos los atraía como una flor a las abejas.

Al cabo de unos minutos, **los seguían todos los perros de la calle**.

Cuando la familia de Dani los vio, se llevaron una buena sorpresa. Por suerte, ya habían llegado a las puertas del colegio.

Ula y Hop observaron el edificio desde su escondite. El colegio tenía tres plantas, una bonita escalinata en la puerta principal y un **patio enorme** para jugar.

Allí había más niños que perros. ¡Los diminutos nunca habían visto a tantos juntos!

Dani tenía tantas ganas de entrar que daba saltitos. Ula y Hop se agarraron a la cremallera para no salir disparados de la mochila. Era muy divertido...

—Disfruta mucho y haz amigos —le dijo la señora Grande.

—Y trata muy bien a los profesores —añadió el señor Grande.

—Gugu beee. —La pequeña Martina también quería hablar, pero era solo un bebé y no se le entendía nada.

—**¿Puedo entrar ya?** —preguntó Dani impaciente.

—¡Por supuesto!

Entonces Dani dio un beso a sus padres y entró al edificio. Tenía muchas ganas de empezar las clases.

Mientras tanto, Ula y Hop observaban todo desde su escondite en la mochila. **¡El vestíbulo del colegio era enorme!** Tenía bonitos murales de colores y dibujos por todas partes. Parecía un lugar muy divertido y tranquilo.

Los niños y niñas se saludaban después de todo el verano sin verse.

Dani se acercó a un grupo de niños para presentarse. Estaba deseando hacer amigos.

—Hola —dijo con timidez—. Me llamo Dani.

Entonces sonó una alarma.

¡¡¡RIIIIIING!!!

Y todos echaron a correr por los pasillos. Nadie quería llegar tarde a clase.

En ese momento, Dani se quedó solo. No sabía adónde ir.

Tampoco Ula y Hop le estaban prestando atención. Una planta les estaba hablando...

—**¡Eh, vosotros! ¡Los nuevos!**

—¿Nos llamas a nosotros? —preguntó Ula, intrigada.

Era la primera vez que veía una planta parlanchina. Ni siquiera la Diminutera, que era una planta mágica, les hablaba.

—Por supuesto que os llamo a vosotros.

Pero la voz no pertenecía a la planta. Quien hablaba era una diminuta igual que ellos. ¡Ula y Hop estaban muy sorprendidos!

Tenía un bonito cabello rizado y ojos violetas.

—¡Rápido! **Vais a llegar tarde a clase.**

Ula y Hop se miraron. No sabían que ellos tuviesen que ir a clase también.

No se lo pensaron dos veces y saltaron a la planta donde estaba la otra diminuta. Mientras tanto, el profe de Dani recogió al niño para ir a su aula.

Los tres diminutos se quedaron solos.

De pronto, les entró la vergüenza. Ula y Hop no estaban acostumbrados a hacer amigos.

Por suerte, la otra diminuta habló primero:

—**Me llamo Pipa.** He venido al cole con Tania, la niña Grande de mi casa.

Ula y Hop comprendieron que no eran los únicos que vivían con humanos. Pipa era muy simpática y les cayó bien enseguida.

—Yo soy Hop —dijo el diminuto.

—Y yo soy Ula —dijo la diminuta.

En ese momento sonó una nueva alarma, más aguda todavía que la anterior.

¡¡¡DING DONG!!!

—Este timbre solo lo oímos los diminutos —dijo Pipa— y significa… ¡que llegamos tarde a nuestra clase! ¡¡¡Corred!!!

Capítulo 3

Lecciones diminutas

Ula y Hop estaban emocionados. Habían ido al colegio a acompañar a Dani… ¡y habían conocido a una nueva diminuta!

—Debéis estar muy atentos —dijo Pipa—. ¡El colegio está repleto de niños y niñas! **Hay que ser más sigilosos que en casa.**

Ula y Hop sonrieron. ¡Podrían hacer infinitas travesuras!

Y eso no era lo mejor de todo. Pipa, la nueva diminuta, les explicó que había una clase **SOLO** para diminutos.

Por supuesto, el aula de los diminutos estaba escondida.

Los dos siguieron a Pipa por el pasillo. La diminuta se paró delante de la puerta de la secretaría del colegio.

Había un Grande en la oficina. Estaba trabajando con el ordenador.

—¿Veis ese armario que hay detrás del secretario? —preguntó Pipa—. Pues el aula de los diminutos está justo ahí.

Ula y Hop se mordieron el labio. El Grande los vería si pasaban cerca.

—Es imposible. Va a pillarnos.

Pero Pipa rio y les dijo:

—**Tenemos un truco para distraerlo.**

Entonces escaló un mueble de la habitación y llegó hasta la radio. Sonaba música clásica y era muy agradable escucharla.

Pipa apretó un botón del aparato y corrió a esconderse.

De golpe, sonó una música estridente. Ula y Hop se taparon los oídos. Era un ruido terrible...

El secretario se levantó con rapidez de la silla.

—¿Qué le pasa a esta radio? —protestó en voz alta—. ¡Parece que está embrujada!

Pipa llegó hasta Ula y Hop y les dijo:

—El secretario está distraído.

¡Corred!

Los tres diminutos aprovecharon la confusión del humano para cruzar la sala. Llegaron al armario y entraron sin ser vistos.

Dentro, vieron un montón de artilugios extraños. Era el armario de los **objetos perdidos**.

Había prendas de vestir, relojes, peonzas, libros y un montón de cosas más. Allí se guardaban los objetos que se habían olvidado los niños y niñas en el colegio.

Ula y Hop se sentían como exploradores.

—¡Mira, Ula! —exclamó Hop.

El diminuto encontró una **dentadura** de juguete.

Mientras tanto, Ula hacía malabares con unas **canicas**.

Se lo estaban pasando fenomenal, pero Pipa los interrumpió:

—¡Vamos! **¡Se nos hace tarde!** —les dijo.

Pipa les señaló un agujero del armario y los diminutos lo cruzaron. ¡El armario tenía un hueco secreto!

Aparecieron en una caja iluminada con luces de Navidad. Allí se encontraron con varios diminutos sentados en el suelo.

Pipa se sentó, y Ula y Hop la imitaron.

Ellos nunca habían visto tantos diminutos juntos. Algunos vestían ropas muy llamativas, otros tenían el pelo de colores... Pero todos tenían la misma expresión traviesa que Ula y Hop.

Entonces un diminuto empezó a hablar.

—¡Buenos días! —saludó—. Me llamo Chincheta. **¡Bienvenidos a la escuela de diminutos!**

Ula y Hop dieron palmas de alegría. ¡Los otros diminutos no se lo iban a creer cuando volviesen a casa!

—**El colegio diminuto es muy diferente al colegio de la gente Grande** —continuó Chincheta—. Aquí aprendemos a ser buenos diminutos.

Hop y Ula no sabían cómo debía ser un buen diminuto. De hecho, hasta esa mañana, no sabían ni que había otros diminutos como ellos.

Todas las mañanas, en el aula de los diminutos, todos repasaban con Chincheta las tres normas básicas...

CÓMO SER UN BUEN DIMINUTO
1. Los diminutos viven en casas de la gente Grande.
2. Los diminutos se esconden de la gente Grande.
3. Los diminutos hacen travesuras a la gente Grande.

Ula y Hop querían ser buenos diminutos, pero habían cometido un pequeño error: Dani, el niño Grande de su casa, los había visto.

—**¡Increíble!** —exclamó Chincheta—. ¿Vuestro niño Grande no os ha encerrado en una jaula?

Ula y Hop negaron con la cabeza.

—Es muy simpático. Nos presta sus juguetes y a veces lo ayudamos.

—Os falta mucho por aprender —concluyó Chincheta—. Por suerte, habéis venido al lugar adecuado.

Ula y Hop estaban preparados.

—Somos unos diminutos expertos —presumió Hop—. No hay nada que no sepamos hacer.

Guiñó un ojo a su hermana.

La clase estaba chupada para ellos, pensó.

—Vamos a comprobarlo. —Chincheta se cruzó de brazos—. Empieza la primera lección: **¡Sombras chinescas!**

El diminuto encendió una linterna que iluminó la pared. Los otros diminutos, con Pipa incluida, se pusieron en fila. Ya sabían lo que había que hacer.

—Los diminutos somos pequeños, pero nuestras sombras pueden ser **gigantes** —explicó Chincheta—. Las sombras chinescas tienen formas extrañas para engañar a la gente Grande.

Un diminuto de pelo puntiagudo hizo una demostración. Puso las manos delante de la bombilla, movió los dedos y… ¡tachán!

La sombra de las manos se transformó en un **elefante**. Todos soltaron una gran carcajada. ¡Menuda

sorpresa se llevaría un Grande si viese la sombra de un elefante en su salón! Sin duda, era una travesura brillante...

Hop fue el segundo en probar. Movió las manos y... **¡tachán!**

La sombra se transformó en una **jirafa**. Los diminutos aplaudieron.

Ahora era el turno de Ula.

—La linterna tiene muy poca luz —dijo ella, adelantándose a los demás—. Yo puedo hacer un foco más grande.

La diminuta era una experta inventora. No había cable ni bombilla que se le resistiera.

En un abrir y cerrar de ojos, desatornilló la linterna. Sacó un cable y lo conectó a las luces de Navidad del techo.

—**¡Detente!** —chilló Chincheta. Pero era demasiado tarde.

Ula no estaba acostumbrada a cables tan grandes. Y no sabía que las luces de la clase de los diminutos estaban conectadas a la corriente eléctrica del colegio.

Sonó un **¡¡¡pluf!!!** y se apagaron todas las luces. ¡Por eso no hay que jugar nunca con los cables! Ula había provocado un apagón. Y su travesura dejó al colegio sin luz durante un buen rato.

—Hay que tener cuidado con los cables porque son muy peligrosos —advirtió Chincheta—. Mejor pasamos a la segunda lección: **¡Doma de lagartijas!**

Los diminutos eran demasiado pequeños para cabalgar sobre caballos o ponis. Preferían cabalgar animales más pequeños como las lagartijas.

Chincheta era un buen jinete de lagartijas. Para demostrarlo, trajo una lagartija a la clase y se subió encima.

Dio un paso hacia delante y otro hacia atrás. **Era muy elegante.**

—¡Qué guay! —exclamó Ula.

La diminuta montó también en la lagartija e imitó los pasos que había visto hacer a Chincheta. ¡Había aprendido algo nuevo!

Pero Hop no estaba impresionado. Las lagartijas le parecían unas monturas muy aburridas.

El diminuto silbó con tanta fuerza que los demás se taparon los oídos. Un minuto después, el aula se llenó de ratones.

—¡Os voy a hacer una demostración! —dijo Hop.

El diminuto se subió al lomo de un ratón de motas marrones. Brincaba de tal forma que parecía un vaquero del Lejano Oeste.

—¡Yihaaa! —chilló.

Los otros diminutos aplaudieron entusiasmados. Algunos se subían a otros ratones y correteaban con ellos. Chincheta también corría de un lado a otro sobre su ratón.

—¡Basta! ¡Los Grandes podrían oírnos!

Un ratón le dio un lametón en la cabeza. Chincheta tenía un nuevo peinado muy divertido.

Nunca había conocido unos diminutos tan inquietos como Ula y Hop. Chincheta consiguió echar a los ratones del aula sin perder los nervios.

—Muchas gracias por la demostración, pero debemos continuar. —Chincheta respiró hondo—. Ahora vamos a hacer una tarea muy sencilla. ¡Y nada peligrosa! Fabricaremos una barca con **lápices gastados**.

Chincheta había elegido a propósito la manualidad. Era imposible que Ula y Hop se metiesen en problemas con algo así.

Era una idea fantástica. Pipa les explicó lo que tenían que hacer.

Ula, que era muy buena con las construcciones, juntaba los lápices. Hop se encargaba de poner el pegamento.

Parecía fácil. Pero Ula y Hop tenían un imán para el desastre.

—El bote se ha atascado —dijo Hop—. **Tengo que apretar un poco más fuerte.**

El diminuto saltó encima. Chincheta pasaba por delante justo en ese momento.

¡PLOF!

El bote disparó un montón de pegamento a las paredes. Y, como Chincheta estaba en medio, quedó pegado a la pared.

—¡Socorro!

Ula y Hop corrieron a ayudarlo. Había sido sin querer.

—¡Lo siento muchísimo! —Hop se disculpó de corazón.

Entre todos lograron despegarlo de la pared.

—Salgamos del aula antes de que la destrocéis por completo —dijo nervioso—. **¡Continuaremos la clase en el exterior!**

Capítulo 4

Diversión en el agua

Cuando Chincheta dijo que saldrían al exterior, en realidad no se refería a la calle.

Tampoco a un parque con columpios.

Para los diminutos, salir del armario de los objetos perdidos ya era una aventura. ¡El colegio era enorme!

—Haremos algo más tranquilo —anunció Chincheta, que tenía todavía restos de pegamento en el pelo—. Los **Cinco Mares** son perfectos para relajarse.

—¡Yupi! —chillaron los alumnos a la vez.

Ula y Hop no conocían ese lugar. Por suerte, estaban a punto de visitarlo.

Los diminutos se pusieron en fila y salieron del armario detrás de Chincheta. El secretario estaba bloqueando su camino.

Para distraerlo, Chincheta lanzó una goma. Esta impactó en la radio y cambió la emisora. ¡El diminuto tenía muy buena puntería!

De pronto, dejó de sonar la música clásica. En su lugar, se escucharon las noticias.

—¡Otra vez la radio! —protestó el secretario—. Ya no la aguanto más.

Mientras el Grande se levantaba, el grupo de diminutos cruzó la habitación. Ula, Hop y los demás tenían que aguantarse la risa. El secretario hablaba con el aparato de radio como si este tuviese vida propia.

—¡Deja de escacharrarte o **te tiro al contenedor de reciclaje**!

Los diminutos llegaron al pasillo del colegio. Se movían saltando de un cuadro a otro. Así no corrían el riesgo de ser pisados ni de que ningún Grande se fijara en ellos.

Un rato después, llegaron a los Cinco Mares. En realidad eran los baños, pero sus cinco lavabos eran como océanos para los diminutos.

Chincheta continuó con la siguiente lección:

—Los diminutos **no tenemos miedo al agua**.

«Debería conocer a Mota», pensó Hop. El diminuto estaba orgulloso de la **roña** que acumulaba.

Chincheta puso el tapón a un lavabo y abrió el grifo. Cuando se llenó a la altura de sus tobillos, se remangó los pantalones y metió los pies.

—¿Lo veis? —dijo muy tranquilo—.

El agua no me hace nada.

Por lo visto, los otros diminutos de clase no eran como Ula y Hop. El agua les parecía una cosa misteriosa.

Ula y Hop, sin embargo, la veían muy divertida.

Para demostrarlo, abrieron los grifos de los cinco lavabos. Los chorros salieron a presión.

—**¡Cuidado!** —gritó Chincheta.

Con el ruido del agua, no oyeron la advertencia. En un abrir y cerrar de ojos, Ula y Hop llenaron los cinco lavabos hasta los bordes. El agua caía por el suelo.

Ula se tiró al agua a bomba. Salpicó a los demás **de arriba abajo**.

Hop subió a un grifo e hizo un salto de tirabuzón. Los demás diminutos aplaudieron.

Aunque no eran muy amigos de bañarse a diario, los dos hermanos eran expertos nadadores. Hicieron un montón de acrobacias y demostraciones. Pipa les pedía más y más...

—¡Todos al agua!

Y todos, salvo Chincheta, se zambulleron. Ula y Hop les enseñaron a nadar. ¡Nunca se habían divertido tanto!

El único que no se lo estaba pasando bien era Chincheta. Era un poquito estirado y sufría por todo.

—¡Silencio! ¡Nos oirán los Grandes!

Pero el momento era demasiado divertido y Chincheta no se pudo contener. Se tiró al agua con los demás.

Un rato después, todos estaban agotados.

—Ya hemos tenido suficiente agua por hoy. **¡Es hora de comer!**

Los diminutos se secaron rápidamente bajo el secador. Después, continuaron su camino.

Su comedor de diminutos estaba en la lámpara del comedor de los niños Grandes.

Ahí arriba nadie los veía y tenían unas vistas fabulosas.

Los diminutos tomaron asiento.

—La comida es un momento estupendo para descansar —dijo Chincheta. Miró especialmente a Ula y Hop; parecía decir: «¡Nada de travesuras!»—. Solo debemos estar sentados y comer.

Era fácil. Pero Ula y Hop no sabían estarse quietos.

La comida consistía en **un guisante por diminuto**. Chincheta los repartió y se sentó a la mesa.

—Los buenos diminutos comen tranquilamente —dijo con voz pausada.

Pero Ula y Hop no sabían lo que era la tranquilidad.

Además, nunca habían probado los guisantes. No parecían comida, sino **pelotas para jugar**.

—¡Agárralo! —exclamó Hop.

El diminuto le lanzó un guisante a Ula. Ella lo atrapó al vuelo.

—¡Ahora tú!

Ula le lanzó los dos guisantes a la vez, pero Hop no los agarró a tiempo.

Los dos guisantes saltaron por los aires.

—**¡Cuidado!** —chillaron.

El primer guisante cayó en la boca de Chincheta. **¡Lo dejó mudo!**

El segundo guisante salió disparado hacia abajo, donde comían los niños Grandes.

Cayó en el vaso de agua de uno de ellos. Este pensó que se lo había tirado otro para jugar. Antes de que los mayores pudiesen pararlo, todos los niños Grandes se estaban lanzando comida entre sí.

Se había **armado un buen jaleo**. En ese momento, Ula y Hop vieron a Dani. Estaba muy callado.

Chincheta logró quitarse el guisante de la boca y dijo:

—¡La comida no se tira! ¡Venga, terminad rápido, que tenemos que irnos!

Chincheta estaba agotado. Esconderse de los Grandes era muy difícil con Ula y Hop.

Pero se le había ocurrido una idea brillante.

Los diminutos harían una clase de relajación en el patio. Si estaban quietos y callados, no podrían meterse en líos.

Ula y Hop estaban emocionados. Nunca habían hecho nada parecido.

Salieron al patio con cuidado siguiendo a Chincheta y se tumbaron en la rama de un árbol. Solamente tenían que cerrar los ojos y no pensar.

Ula y Hop querían hacerlo bien. No era su intención causarle problemas a Chincheta. Se tumbaron y cerraron los ojos.

Pero, en ese momento, Pipa se durmió. Y, en cuanto se puso a roncar, a Ula y a Hop les entró la risa.

Así era imposible relajarse. **Pipa roncaba como una abeja resfriada.**

Después de mucho intentarlo, Ula y Hop abrieron los ojos. Los demás estaban relajados o dormidos.

Chincheta también tenía los ojos cerrados y parecía

estar muy tranquilo. Ula y Hop no querían molestarlo. Era muy bueno, aunque un poco miedoso.

De pronto, vieron a Dani en un rincón del patio. Casi se habían olvidado de por qué habían ido al colegio.

Dani era muy tímido. Quería jugar con los demás niños Grandes, **pero le daba vergüenza acercarse a ellos**.

—Vamos a decirle que estamos aquí —propuso Hop—. Así se sentirá mejor.

Los diminutos aprovecharon que Chincheta tenía los ojos cerrados para irse un momento. Estarían de vuelta antes de que él se diera cuenta.

Bajaron del árbol con cuidado para que no los vieran.

Ula y Hop cruzaron el patio. De pronto, se encontraron con una rueda. Estaba pegada a un tubo muy largo.

—¿Para qué será? —se preguntó Hop.

—Solo hay un modo de averiguarlo —respondió Ula.

La diminuta giró la rueda. Sin darse cuenta, activó la manguera del huerto escolar.

La manguera se levantó con la fuerza del agua, elevando a Ula y Hop con ella.

—¡Esto es muy **emociogroso**! —chilló Ula. Así es como llamaban a algo **emocionante** pero **peligroso**.

La manguera disparaba agua en **todos direcciones**. Los niños Grandes reían y saltaban. Los profesores intentaban pararlo. Se llevaron a todos los niños al edificio.

Con el alboroto, Ula y Hop perdieron a Dani de vista. Tuvieron que regresar corriendo al árbol, donde los demás diminutos estaban meditando.

Llegaron justo antes de que Chincheta abriese los ojos. No se había dado cuenta de su ausencia.

—**¡Menudo escándalo montan los niños Grandes!** —exclamó—. Se nota que hoy no han hecho relajación.

Ula y Hop se contuvieron la risa. ¡Mejor que Chincheta no supiese nada!

Capítulo 5

¿Dónde está Dani?

Los diminutos regresaron al armario de los objetos perdidos. Sin embargo, Ula y Hop seguían pensando en Dani.

—¿Se encontrará bien? —preguntó Hop—. Estaba tan callado…

—Quizá necesita nuestra ayuda —sugirió Ula—. **Es nuestro amigo.**

Ula y Hop fueron en su busca.

Se disfrazaron con dos estuches que encontraron en el armario. Así se podrían mover por el colegio sin llamar la atención.

¡Pero no sabían que un estuche que se mueve solo es **muy sospechoso**!

Ula y Hop llegaron al pasillo. A esa hora, todos los niños y niñas estaban en clase. Era imposible encontrar a Dani.

El conserje salió del comedor en ese momento. Se había pasado un buen rato recogiendo la comida que habían tirado al suelo y había limpiado el agua del baño.

De pronto vio dos estuches moviéndose solos por el pasillo.

Primero, los grifos del lavabo que se abrían solos. Después, los estuches...

El conserje exclamó:

Y se puso a seguirlos de cerca.

Ula y Hop no sabían por dónde empezar su búsqueda. **Dani podía estar en cualquier sitio del colegio.**

Vieron una clase abierta, así que entraron en ella.

Un grupo de alumnos estaba pintando un mural en el suelo. Les estaba quedando precioso.

De pronto, unos estuches pasaron por encima. Ula y Hop metieron los pies en la pintura azul sin darse cuenta y dejaron sus huellitas por todo el mural.

¡Los niños y niñas Grandes estaban **boquiabiertos**!

Allí no estaba Dani. Salieron de la clase y continuaron su búsqueda.

El conserje los seguía de cerca. ¡Nunca había visto dos estuches moviéndose solos!

—¡Los fantasmas existen! —exclamó—. ¡Lo sabía!

Los diminutos se colaron en la siguiente sala: el aula de música.

Los niños y niñas estaban tocando instrumentos de viento, de percusión, de cuerda... Era muy **estruentido**, que es como los diminutos llaman a algo que es **estruendoso** y **divertido** a la vez.

Con sus disfraces de estuches, Ula y Hop casi no veían nada. En un descuido, cayeron de sus estuches y acabaron dentro de una trompeta.

Al caer, taparon el agujero del instrumento. La niña Grande que lo tocaba tuvo que soplar muy fuerte.

¡FUUUUUUUU!

Justo cuando el conserje los iba a atrapar, salieron volando por los aires.

Ula y Hop cayeron sobre el tambor, haciendo un sonoro **¡bong!**

Después, rebotaron en el triángulo. Sonó un **¡bing!**

Finalmente terminaron en el suelo. **¡Cataplof!**

¡Había sido increíble!

—¡Repitámoslo! —propuso Ula emocionadísima.

—Primero tenemos que encontrar a Dani —recordó Hop. Aunque le habría encantado saltar otra vez desde la trompeta.

Los diminutos continuaron su viaje por el colegio.

El conserje iba justo detrás de ellos, cada vez más cerca. Se le habían escapado por los pelos.

—**¡Voy a capturar a un fantasma!** ¡Me haré famoso!

Continuaron por el pasillo. Dani no podía estar muy lejos. ¡Menuda sorpresa se llevaría cuando los viese!

Entonces encontraron la biblioteca.

Era una sala llena de libros.

Algunos eran pequeños, del tamaño de los diminutos. Otros eran muy grandes, casi del tamaño de sus puertas.

Había libros de todos los colores. Algunos tenían colores brillantes en las portadas. Y también los había duros y blanditos.

—¡Dani tiene que estar aquí! —dijo Ula—. **Le fascinan los cuentos.**

A los diminutos también, por supuesto. Así que no se lo pensaron más y entraron.

La biblioteca tenía pasillos larguísimos. Tardaron un buen rato en recorrer solo el primero.

—¡Es enorme! —Hop estaba agotado—. No encontraremos a Dani nunca.

Ula también estaba cansada. Tardarían días en recorrer la biblioteca de lado a lado. Su amigo los necesitaba antes.

—Si pudiésemos movernos más rápido… —dijo en voz baja.

Entonces tuvo una idea. ¡Una idea brillante! La cara se le iluminó igual que una bombilla.

Hop tragó saliva. Las ideas brillantes de Ula siempre eran peligrosas.

—¡Ya sé! —dijo la diminuta—. **¡Volaremos por la habitación!**

—¿Cómo lo haremos? —preguntó Hop.

Hop era más precavido que su hermana.

—Muy fácil. —Ula señaló un cartel de «SE RUEGA SILENCIO» que había en la pared—. ¡Construiremos **un avión de papel**!

Ula arrancó el cartel de la pared. ¡Tuvo que hacer mucha fuerza para quitar las chinchetas!

Ya tenía el material que necesitaba. Ula dobló el papel varias veces. Estaba muy concentrada.

Cuando Ula tenía una idea, no había quien la parara.

—¿Has hecho aviones antes? —preguntó Hop.

—**Solo he hecho uno** —respondió tan tranquila.

—¿Y qué tal volaba? —insistió Hop.

Ula dobló los bordes de la cartulina varias veces. No perdía la concentración. Cuando se sintió satisfecha con el resultado, dio dos palmadas.

—**¡Tachán!** —Señaló el avión de papel—. Te presento a Abejorro, el avión diminuto.

Hop soltó un silbido de admiración. Abejorro no solo tenía la forma perfecta de un avión, Ula también le había pintado rayas para parecer un insecto.

—**¡Es perfecto!**

Los dos diminutos subieron a Abejorro a la parte de arriba de una estantería.

Cogieron carrerilla, se montaron encima del avión… ¡y echaron a volar por la biblioteca!

—¡Va muy rápido! —chilló Hop.

El diminuto se tapó los ojos. Ula, sin embargo, estaba disfrutando de lo lindo.

—¡Funciona! —exclamó contenta.

Abejorro planeó por la biblioteca. ¡Era muy distinta cuando se miraba desde las alturas!

La parte superior de las estanterías estaba cubierta de polvo. Había pelusas que parecían melones.

Ula y Hop sobrevolaron la sección de Cuentos.

También pasaron por la sección de Libros de Conocimiento. Y cruzaron veloces la sección de Tebeos.

¡Pero Dani no estaba por ninguna parte!

El avión de papel planeó de un lado a otro de la biblioteca. No había ni rastro del niño Grande.

—Tenemos que buscar en otra sala —dijo Hop—. ¿Puedes aterrizar el avión?

A Ula se le escapó una risita.

—**¿Aterrizar? No sé cómo hacer eso.**

Abejorro dio varias vueltas más por la biblioteca. Pasó entre dos gruesas enciclopedias. Después, voló bajo una mesa. Cada vez era más difícil controlar el avión.

—¡Páralo! —pidió Hop. No se atrevía a abrir los ojos.

—¡No es tan fácil!

Ula intentó tomar el control. Abejorro planeó hacia arriba, dio tres vueltas en el aire… y cayó en picado.

¡PLOF!

Ula y Hop habían caído sobre algo blandito... ¡que además se movía!

Capítulo 6

A bordo de la melena

Chincheta había dicho: «Los buenos diminutos se esconden de la gente Grande».

Pero Ula y Hop habían ido a caer...

¡al peinado de la bibliotecaria!

La señora tenía muchísimo pelo. Por eso no se había dado cuenta de que tenía un avión de papel y dos diminutos sobre su cabeza.

Ula y Hop buscaron el modo de escapar de allí.

No podían quedarse a vivir en su cabeza para siempre.

—**¡Mira! Una moneda.**

¡Hop había encontrado un tesoro en el peinado! Esa melena estaba repleta de secretos.

Los diminutos iban a saltar a la estantería más próxima, cuando de repente llegó el conserje. Había seguido su rastro por todo el edificio.

Primero en los baños, cuando abrieron los grifos.

Después en el comedor, cuando provocaron la guerra de comida.

Luego en el patio, con la manguera.

Y ahora por los pasillos.

El conserje estaba seguro de que se trataba de unos fantasmas muy traviesos.

Entonces vio el avión de papel en el peinado de la bibliotecaria.

—**¡Ajá! Te encontré.**

Pero la bibliotecaria tenía mucha prisa.

—Ahora no tengo tiempo, querido. Me esperan en una clase.

La bibliotecaria dejó al conserje con la palabra en la boca. Agarró un montón de libros y salió deprisa de la biblioteca. El conserje la seguía de cerca.

—¡Espera! —exclamó.

—Tengo prisa —respondió ella.

—**¡Es importante!**

Ula y Hop se ocultaron al fondo de la melena. No querían que el conserje los viese.

—¿Qué ocurre? —preguntó la bibliotecaria. Se había parado en medio del pasillo.

El conserje se quedó sin habla. Había visto que **la melena se movía sola**.

—¿Te ha mordido la lengua el gato? —insistió ella.

Entonces, el conserje señaló el peinado y chilló:

—¡Tienes fantasmas en el pelo! ¡Fantasmas traviesos!

La bibliotecaria resopló. No creía en cuentos.

—¡Paparruchas! Los fantasmas no existen.

El conserje estaba temblando.

—Pero... Tu pelo...

Algunos opinaban que el peinado de la bibliotecaria estaba pasado de moda. A ella, sin embargo, le parecía perfecto.

—**¡Mi pelo es muy fashion!**

El conserje no se atrevió a llevarle la contraria.

Ula sintió lástima por el conserje. Y le tiró una golosina al bolsillo sin que se diese cuenta.

—¡Pobrecito! Parece tan simpático…

La bibliotecaria dio media vuelta y continuó su camino.

Ula y Hop se agarraron con fuerza a los pelos de la bibliotecaria para no caerse. Era la primera vez que viajaban a bordo de un peinado. ¡Y estaba siendo muy divertido!

Pero tenían que escapar pronto... ¿Qué ocurriría si la bibliotecaria decidía peinarse? **¿O hacerse rulos?**

La humana llegó a un aula. Llamó a la puerta y entró.

—Buenas tardes a todos —saludó.

Los alumnos estaban sentados en el suelo alrededor del profesor. Por sus caras de felicidad, se lo estaban pasando bastante bien.

De pronto, Ula y Hop vieron a Dani. **¡Por fin lo encontraban!**

El niño Grande estaba muy nervioso. No paraba de mover los pies.

—¿Qué le ocurrirá? —preguntó Hop.

Los diminutos aprovecharon para saltar a la mesa. La bibliotecaria dejó unos libros y se marchó.

Los diminutos se escondieron detrás de un globo terráqueo.

—Para terminar el día, contaremos una historia —dijo el profesor. Estaba sentado entre los niños, aunque era mucho más grande que ellos. Olía muy bien y parecía muy simpático—. **¿Conoces tú alguna, Dani?**

Dani se tapó la cara con las manos.

—¡Ya sé lo que le ocurre! —dijo Hop—. Es que es muy tímido.

Ula le dio la razón.

—A mí también me daba un poco de vergüenza lo de ir al colegio. Pero, cuando he conocido a los otros diminutos, me he sentido muy bien.

Dani se puso en el centro de la clase. El primer día de colegio era más complicado de lo que había imaginado. ¡No sabía hacer amigos!

—Me llamo Dani —dijo simplemente.

Los demás niños y niñas esperaron a que dijese algo más. Pero Dani estaba rojo de vergüenza.

Entonces vio a Ula y a Hop, los diminutos. Estaban escondidos en la clase. Al principio se preguntó qué hacían allí.

Pero, cuando Ula y Hop le sonrieron, lo supo. Habían ido a apoyarlo. Dani sí sabía hacer amigos.

¡Y los diminutos eran el mejor ejemplo!

El niño se sintió mucho mejor. Los diminutos le dieron la valentía que necesitaba.

—Conozco una historia —dijo animado—: El día que conocí a mis amigos los diminutos...

Dani habló sin parar. Contó a sus compañeros lo divertidos que eran los diminutos. Describió los túneles secretos. Y recordó cómo se habían hecho amigos...

Aunque Dani no les dijo que la historia era real. **Dani sabía guardar un secreto.**

Cuando terminó de hablar, todos estaban boquiabiertos.

¡Dani era divertidísimo!

Aplaudieron hasta que se les pusieron rojas las manos.

Poco después, sonó el timbre. **Las clases habían terminado.**

Ula y Hop corrieron hasta la mochila de Dani. No querían volver a separarse de él.

De camino a la salida del colegio, los compañeros de clase se acercaron a Dani.

Una niña con coleta le dijo:

—¡Eres el mejor contador de historias!

Y un niño con pelo rizado añadió:

—La semana que viene es mi cumpleaños. ¿Quieres venir?

Todos querían ser sus amigos. ¡Y era gracias a Ula y a Hop!

Los diminutos también se habían divertido mucho en el colegio.

Mientras salían, vieron a los otros diminutos en las mochilas de los Grandes.

Pipa les mandó un beso:

—¡Os veo mañana!

—¿Mañana? —preguntó Hop—. ¿Es que hay que volver al colegio más días?

Ula y Hop pensaban que ya lo habían aprendido todo…

También vieron a Chincheta. Viajaba escondido en el maletín del profe de Dani.

—¡Hasta pronto, Chincheta! —se despidieron Ula y Hop.

Chincheta apenas podía hablar. Había sido el día más agotador de su vida. ¡Pero también el más divertido! Iba a necesitar un buen descanso…

Dani y los diminutos salieron a la calle.

Allí estaban esperando los señores Grandes junto con la pequeña Martina, que iba en el carrito.

El niño dio un beso a cada uno.

—¿Qué tal tu primer día en el nuevo colegio? —preguntó su padre.

Dani sonrió de oreja a oreja. Ula y Hop estaban escondidos en el bolsillo de la mochila.

—**¡Ha sido flipante!** Estoy deseando volver mañana.

¡Haz tu barca de diminutos!

Los diminutos no desperdician nada. ¡Cualquier objeto viejo puede servirles para sus **inventos**!

Ahora construye tú una barca diminuta para sus aventuras en el agua.

Puedes utilizar:

- **Una botella de plástico**
- **Unos corchos**

Para el casco

¡Así flotará mejor!

Perfecto par
el mástil

• Un bolígrafo sin tinta o un palo
• Una bolsa de plástico o un trozo de tela

Transfórmala
en la vela

Pide ayuda a un mayor para recortar o hacer agujeros y píntala a tu gusto.

¿Quién sabe...? ¡Igual los diminutos de tu casa la usan mientras duermes!

Test: ¿Eres humano o diminuto?

Ser diminuto no es una cuestión de altura. ¡Lo importante es la actitud!

Descubre con este test si eres un **diminuto** o un niño **Grande**.

1. ¿Qué te divierte más?

a) Jugar al escondite.

b) Comer queso.

2. ¿Cuánto mides?

a) ¡Lo suficiente para divertirme!

b) Poco, pero todavía estoy creciendo.

3. Cuando tienes algo viejo...

a) Lo transformo en un invento divertido.

b) Pido que me compren algo nuevo.

4. El colegio es...

a) ¡El lugar más divertido del mundo!

b) Un rollo repollo.

5. La Diminutera es...

a) La planta mágica de la familia.

b) No sé, me suena como a lechuga…

Resultados:

Si tienes más...

a: Eres un auténtico **diminuto**. ¡No importa si mides unos centímetros o más de un metro!

b: Eres un niño **Grande**. Pero no pasa nada… ¡También puedes divertirte!

Descubre contenidos extra,
dimiconsejos y concursos en:

www.ulayhopdiminutos.com